DE
SOINS
ET URGENCES

À LA
MAISON

LES ÉDITIONS QUEBECOR
une division de Groupe Quebecor inc.
4435, boul. des Grandes Prairies
Montréal (Québec)
H1R 3N4

Distribution: Québec Livres

© 1989, Les Éditions Quebecor
Dépôts légaux, 2e trimestre 1989

Bibliothèque nationale du Québec
Bibliothèque nationale du Canada
ISBN 2-89089-521-1

Conception et réalisation graphique de la
page couverture: Bernard Lamy et Carole Garon

Louis Stanké

500
p'tits
trucs

DE
SOINS
ET URGENCES

À LA
MAISON

Les Éditions
Québecor

AVIS AUX LECTEURS

Les trucs et conseils de soins et d'urgence à la maison que présente aujourd'hui les Éditions Quebecor à ses lecteurs prennent généralement en compte les avis de la médecine traditionnelle. Toutefois, le public y trouvera aussi, à l'occasion, certaines recommandations qui relèvent de la médecine douce, c'est-à-dire, par exemple, de la naturopathie ou de l'herboristerie. Bien que moins officielles, ces approches répondent à une demande grandissante.

TABLE DES MATIÈRES

ABCÈS

Quand un abcès s'installe, il ne faut pas le presser pour en extirper le pus. À maturité, l'abcès crèvera de lui-même.

Lorsque l'abcès perce, on doit le nettoyer soigneusement pour éviter toute contamination (voir **Blessure mineure**).

Pour réprimer un abcès, on recommande également l'application d'un cataplasme chaud.

ACCOUCHEMENT INOPINÉ

Parfois — extrêmement rarement, précisons-le — le travail de l'accouchement se déroule si brusquement et si vite que le temps manque pour se rendre à l'hôpital.

Ne cédez pas à l'affolement: la naissance d'un enfant est tout ce qu'il y a de plus naturel.

Efforcez-vous de garder la pièce — ou la voiture — chaude et de caler confortablement la mère contre des oreillers ou des couvertures. Faites-vous le plus rassurant possible, et ne cherchez pas à intervenir inutilement.

Quand vous voyez pointer la tête du bébé, sachez que l'expulsion est imminente. Maintenez tout bonnement la tête du bébé lorsqu'elle sort, les épaules et le reste du corps suivront. Il vous suffit de soutenir le corps de l'enfant sans tirer.

Une fois l'enfant sorti, nettoyez du doigt sa gorge des mucosités qui peuvent l'encombrer. Placez le plus rapidement possible l'enfant sur le ventre de sa mère et couvrez-les d'un vêtement ou d'une couverture. Les mécanismes internes de contrôle de la chaleur corporelle ne sont pas encore au point chez l'enfant.

Attendez que le cordon ombilical cesse de battre puis, avec du fil trempé dans l'alcool, si c'est possible, faites deux noeuds, distants l'un de l'autre de 5 cm (2 po). Coupez le cordon entre les deux noeuds, avec des ciseaux qui auront préalablement été stérilisés (si possible).

Entre 10 et 30 minutes plus tard, les contractions reprendront, et le placenta sortira à son tour: c'est la délivrance. Ne tirez pas sur le cordon pour forcer l'expulsion du placenta.

Si le saignement qui suit la délivrance vous paraît important, massez doucement et de haut en bas le ventre de la mère. Attendez l'arrivée de l'ambulance.

ACNÉ

Bénigne, l'acné affecte surtout les adolescents dont l'activité hormonale atteint un sommet en cette période de l'existence. La digestion et la nervosité sont également parfois responsables d'une poussée d'acné.

En pressant les points noirs et les boutons, on risque de propager l'inflammation et de laisser sur la peau des cicatrices fort désagréables.

Si on tient à enlever les boutons et les points noirs (qui ne relèvent pas, soit dit en passant, d'une propreté déficiente), il faut d'abord se passer le visage à l'eau tiède pour assouplir la peau. Ensuite, on peut utiliser le tire-comédons que l'on trouve en vente libre dans les pharmacies.

On ne sait pas quel rôle jouent au juste les aliments gras, irritants et riches dans l'apparition de l'acné. Puisqu'ils sont, de toute manière, nocifs pour la santé, l'acnéique aura tout intérêt à s'en abstenir.

La constipation semble également jouer un rôle dans l'apparition de l'acné. L'alimentation saine et équilibrée favorise la bonne élimination et devrait contribuer à diminuer l'acné.

Crèmes, savons de beauté, produits de maquillage contiennent souvent des éléments gras qui ne peuvent qu'aggraver l'acné.

Le soleil exerce une action bénéfique mais passagère sur l'acné parce qu'il assèche l'épiderme.

L'hygiène revêt une importance capitale quand il est question d'acné. La personne affectée devrait se laver le visage au moins deux fois par jour et éviter de se toucher le visage avec les mains.

AIL

L'ail a des propriétés antiseptiques (dans le cas des gastro-entérites), désinfectantes (quand les poumons et les bronches sont obstrués), et hypotensives (dans le cas d'hypertension artérielle et d'artériosclérose).

ALCOOL

L'alcool ne réchauffe pas, contrairement à ce que l'on croit souvent.

Il ne faut jamais donner d'alcool à un blessé.

L'alcool n'enraie pas la soif: au contraire, il augmente le volume des urines et donne soif.

L'alcool ouvre l'appétit. De plus, le fait de prendre de l'alcool s'avère nocif quand l'estomac est vide.

Il est faux de croire que l'alcool aide à la digestion; on pourrait même préciser que l'alcool nuit au processus de digestion et d'assimilation des aliments.

ALCOOL À FRICTION

L'alcool à friction, avec lequel on recommandait autrefois d'éponger le corps des malades enfiévrés n'est désormais plus suggéré.

On s'est aperçu que l'alcool à friction vide le corps de sa chaleur en ce sens qu'il draine la chaleur des organes vitaux pour les amener à la surface de la peau et qu'il fait courir au malade des risques plus grands.

Voir aussi **Fièvre**.

L'alcool à friction peut par contre servir après un rasage pour prévenir l'apparition de boutons.

ALIMENTATION

Pour bien fonctionner, l'organisme humain a besoin d'éléments indispensables que l'on appelle les nutriments.

Les nutriments comprennent les aliments organiques (protéines, lipides et hydrates de carbone), les vitamines et les minéraux.

Les **protéines** ou **protides** proviennent surtout de la viande. Elles apportent à l'organisme l'azote dont il a besoin, autant en quantité qu'en qualité.

Les **lipides** servent à la production de la chaleur et assument le transport de certaines vitamines. Ces graisses proviennent autant des végétaux que des animaux. L'alimentation équilibrée demande 1/3 de graisses animales et 2/3 de graisses végétales.

Les **hydrates de carbone** donnent à l'organisme l'énergie dont le corps a besoin. Les légumes, les fruits, les sucres et les céréales les fournissent.

Les **vitamines** sont, quant à elles, essentielles à l'être humain. Quand il en manque, des maladies et des troubles organiques sérieux peuvent surgir. Il faut toutefois préciser que la grande variété et la disponibilité des aliments dans notre société industrialisée préviennent les carences vitaminiques.

Les **minéraux** essentiels à l'organisme se retrouvent dans les végétaux.

ALLAITEMENT — DOULEURS AUX MAMELONS

Pour réduire l'engorgement des seins, souvent responsable de la douleur et de la mastite, il faut donner le sein plus fréquemment, faire s'écouler un peu de lait avant de donner la tétée.

Quand les seins sont gercés et douloureux, il faut encore tirer quelques gouttes de lait une fois le boire terminé, s'en badigeonner les mamelons et laisser les seins à l'air libre ou les faire sécher au séchoir à cheveux, à basse vitesse naturellement.

Pour protéger les seins, on peut aussi appliquer sur les mamelons du blanc d'oeuf qu'on laisse aussi sécher et qu'on enlève avant le boire suivant.

AMPOULE

Ne cherchez pas à perforer une ampoule: elle assure la protection de la nouvelle peau qui se forme et prévient les infections.

Lavez l'ampoule à l'eau et au savon, puis laissez-la sécher à l'air.

S'il vous est impossible de laisser sécher une ampoule à l'air à cause de la friction à laquelle elle est soumise, couvrez-la d'un pansement sec stérile.

AMYGDALES

Les amygdales sont des espèces de gardiens de but; elles luttent contre les infections.

Quand on souffre d'un mal de gorge, les amygdales sont toujours infectées.

L'infection à répétition des amygdales entraîne souvent chez les jeunes enfants des inflammations de l'oreille moyenne et des végétations adénoïdes. C'est pour cette raison que les enfants à qui l'on enlève les amygdales subissent souvent par la même occasion une ablation des végétations adénoïdes et une myringotomie, suivie d'une insertion de tubes dans les oreilles.

ANTIACIDE

Les antiacides liquides sembleraient plus efficaces que les antiacides en comprimés.

Quand on croque des comprimés antiacides, il faut bien les mastiquer, puis les faire suivre d'un verre d'eau.

Les comprimés ou sirops antiacides peuvent entraver l'action de certains médicaments. Si vous en faites usage, prévenez votre médecin ou votre pharmacien.

Les substances antiacides sont susceptibles de causer de la constipation et parfois de la diarrhée.

ANTIBIOTIQUES

On doit toujours prendre toute la prescription d'antibiotiques que recommande le médecin.

Quand on prend des antibiotiques, il faut absolument les absorber à heures fixes: leur efficacité en dépend.

S'il vous reste des médicaments antibiotiques — malgré le fait que vous devriez normalement les prendre tous —, débarrassez-vous-en parce qu'ils ne conservent leur efficacité que pendant une quinzaine de jours.

Voir aussi **Yogourt**.

ANTIHISTAMINIQUES

Les médicaments antihistaminiques, qu'ils soient prescrits ou en vente libre, contrent les effets de l'histamine que libère l'organisme dans l'allergie.

ANTISEPTIQUE

La meilleure solution antiseptique à usage externe est faite de 15 ml (1 cuiller à soupe) d'eau de Javel dans un litre (1 pinte) d'eau bouillie.

Dans cette solution, on baigne la partie infectée (ou on l'imbibe) quatre fois par jour.

ARRÊT CARDIAQUE

Le coeur de la victime d'un arrêt cardiaque cesse de battre. Comme son coeur, sa respiration s'arrête aussi.

Dans les secondes qui suivent, la victime perd conscience. Si on ne pratique pas immédiatement une réanimation du coeur et de la respiration, le cerveau subit dans les trois ou quatre minutes suivantes des dommages irréparables.

Pour reconnaître l'arrêt cardiaque, il vous faut constater de toute urgence les symptômes suivants: absence de battements du coeur (pas de pouls perceptible au cou, au poignet et à la poitrine); absence de respiration; teint bleuâtre, surtout autour des lèvres.

En présence de ces symptômes, entreprenez tout de suite un massage cardiaque (voir cette entrée) que vous ferez alterner avec le bouche-à-bouche (voir cette entrée).

L'arrêt cardiaque peut survenir de façon impromptue, ou bien faire suite à un malaise, à une maladie, à un accident, à une noyade ou à une électrocution.

ARRÊT RESPIRATOIRE

On reconnaît l'arrêt respiratoire à l'immobilité de la cage thoracique et à la cyanose (bleuissement) du teint.

L'arrêt respiratoire peut suivre une crise cardiaque, un accident, une noyade, un étouffement, une intoxication, un choc violent ou une électrocution.

Il est capital de ne pas perdre de temps et de pratiquer tout de go la respiration artificielle (voir **Bouche-à-bouche**) pour ne pas priver trop longtemps le cerveau d'oxygène et ne pas risquer de dommages irréparables.

ASPIRINE

L'aspirine (acide acétylsalicylique ou AAS) détruit la vitamine C. Si vous prenez des médicaments contenant de l'AAS, consommez plus de fruits frais et de légumes verts.

L'allergie à l'AAS prend la forme de problèmes respiratoires et d'éruptions cutanées.

Quand on consomme de l'aspirine, il vaut mieux boire beaucoup d'eau, pour contrer les effets irritants de ce médicament.

Les individus qui souffrent de la goutte devraient s'abstenir de prendre de l'aspirine.

Les hémophiles ne doivent pas prendre d'aspirine qui freine la coagulation.

Pour cette raison même, l'aspirine exercerait un effet bénéfique chez les cardiaques: elle empêcherait la formation de caillots.

ASPIRINE ET ACÉTAMINOPHÈNE

Tout comme l'aspirine (AAS), l'acétaminophène abaisse la fièvre et soulage la douleur. Par contre, l'acétaminophène n'a pas de propriétés anti-inflammatoires.

L'acétaminophène n'irrite pas l'estomac, contrairement à l'aspirine.

ASTHME

Pour soulager la victime d'une crise d'asthme, faites-la asseoir à califourchon sur une chaise, les coudes appuyés sur le dossier. Cette position élève la partie supérieure de la cage thoracique et améliore l'expiration.

ATTELLE

À condition que vous ne soupçonniez pas de fracture au niveau cervical ou dorsal, si vous devez absolument déplacer un blessé en attendant les secours et que la victime semble souffrir d'une fracture, fabriquez une attelle pour immobiliser la blessure et limiter l'aggravation.

Pour fabriquer une attelle, servez-vous d'un objet rigide et assez long pour empêcher l'articulation malade de bouger. Utilisez une branche, un bout de bois, un balai.

Quand vous craignez une fracture au bras, apposez l'attelle au membre blessé et fixez-la au moyen de bandes de tissu. Si la victime peut plier le bras, après avoir fait l'attelle, mettez-le lui en écharpe au moyen d'une serviette ou d'une bande de tissu passée sous le bras et sous l'attelle et nouez l'écharpe autour du cou (voir aussi **Écharpe**).

Si vous croyez à une fracture de la jambe, placez l'attelle entre les jambes et attachez celles-ci ensemble avec des bandes de tissu, des cravates ou des ceintures. Assurez-vous de nouer les attaches sur la jambe intacte.

BAIN CHAUD

Le bain chaud prolongé élimine le sébum de la peau et contribue à l'assécher.

Quand une femme enceinte, proche de son terme, voit son utérus se contracter régulièrement et que la poche des eaux ne s'est pas rupturée, elle peut prendre un bain chaud avant de s'allonger sur le côté gauche. Si les contractions s'arrêtent, il s'agit probablement d'un faux travail. Si, au contraire, les contractions se rapprochent et augmentent d'intensité, c'est que le vrai travail a débuté et elle peut s'apprêter à se rendre à l'hôpital dans les heures qui viennent.

Il ne faut pas prendre de bain chaud (ou de douche chaude) en présence d'une crise d'urticaire.

Les bains chauds allègent la douleur arthritique.

BANDE-CONTACT

On trouve depuis quelques années en vente libre dans les pharmacies des bandes-contact qui permettent de savoir très rapidement si vous faites de la fièvre ou non.

Ces bandes ont leur utilité, surtout auprès des jeunes enfants.

Si la bande indique la présence de fièvre, vous pouvez prendre la température.

Si la bande n'indique pas de fièvre, vous aurez épargné à votre enfant une séance dont il ne raffole sûrement pas.

Pour activer la bande-contact, il suffit de l'apposer pendant une minute au front de la personne malade.

Il ne faut toutefois pas se fier à la température qu'indique la bande-contact: sa précision laisse en effet à désirer.

Voir aussi **Thermomètre** et **Température**.

BAS

Les bas de laine ou de soie protègent davantage du froid que les bas en tissu synthétique.

BICARBONATE DE SOUDE

Le bain auquel on a ajouté 250 ml (1 tasse) de bicarbonate de soude aide à soulager les démangeaisons et les irritations cutanées mineures dues aux piqûres de plantes, d'insectes, à certaines maladies infantiles comme la varicelle.

BLESSURE À L'ABDOMEN

En cas de blessure ouverte à l'abdomen, appliquez une compresse propre et sèche sur la plaie pour la comprimer et éviter l'hémorragie. Recouvrez ensuite toute la surface abdominale d'un épais morceau de tissu. Attendez les secours.

Voir aussi **Hémorragie**.

BLESSURE À LA CAGE THORACIQUE

Il arrive qu'à la suite d'un accident, un individu subisse une blessure profonde à la cage thoracique.

Avec ce genre de blessure, le sang sort en bouillonnant à chaque inspiration et à chaque expiration.

À l'aide d'une compresse propre, pressez fortement la blessure pour empêcher l'air de s'échapper.

Couvrez ensuite toute l'étendue de la plaie d'un épais morceau de tissu avant de panser la poitrine au moyen d'une longue et large bande. Puis, surélevez la tête et la poitrine du blessé.

En cas de blessure à la cage thoracique, ne tentez pas de retirer le corps étranger qui y serait éventuellement fiché.

En attendant les secours, ne donnez au blessé ni à boire ni à manger.

BLESSURE À LA COLONNE VERTÉBRALE

Si un accidenté souffre du dos ou du cou, il ne faut surtout pas le déplacer, à moins que son existence même ne soit menacée.

Si vous décidez de le transporter étant donné la gravité des circonstances, assurez-vous que sa tête, sa nuque et sa colonne vertébrale demeurent toujours en ligne droite.

La meilleure chose à faire reste encore d'attendre les secours sans bouger le blessé.

BLESSURE À LA TÊTE

Il ne faut jamais négliger une blessure à la tête, si superficielle puisse-t-elle paraître.

Dans les 24 heures qui suivent un traumatisme crânien, il faut surveiller attentivement l'apparition des signes suivants: inconscience, paralysie, vomissements, apathie ou somnolence, problèmes visuels, maux de tête et ennuis respiratoires.

En présence de l'un ou de plusieurs de ces symptômes, rendez-vous à l'hôpital.

Les blessures à la tête saignent presque toujours beaucoup.

Quand une blessure à la tête est mineure, il faut la comprimer avec un linge propre, et entourer la tête d'un pansement.

Si la plaie semble profonde, ne serrez pas trop le bandage parce qu'il ne faut pas risquer d'enfoncer les corps étrangers éventuels ou aggraver une fracture.

Si, à la suite d'un choc à la tête, un liquide jaune clair s'échappe d'une oreille, il faut allonger le blessé sur le côté de l'écoulement (que l'on permet ainsi) et l'installer en position de sécurité (voir aussi **Position de sécurité**).

Si la victime d'un traumatisme crânien a sombré dans l'inconscience, traitez-la comme si elle avait subi une blessure au cou ou à la colonne vertébrale.

Lorsqu'il y a blessure grave à la tête, il faut éliminer, dans les 24 heures qui suivent le traumatisme, la nourriture, l'alcool et les médicaments.

BLESSURE ARTICULAIRE

Sur les blessures articulaires, on applique de la glace.

BLESSURE MINEURE

On lave les blessures légères avec un linge propre et du savon. Et puis, on les rince à l'eau claire.

Elles guérissent toujours mieux à l'air libre. On ne devrait les recouvrir d'un pansement sec qu'en cas de risque de friction, de heurt ou d'infiltration de saletés.

L'écoulement de sang «nettoie» les saletés de la blessure; aussi faut-il d'abord laver les bords de la blessure, ensuite la plaie.

BOIRE ET MANGER

Il ne faut donner ni à boire ni à manger à une victime d'accident. Vous pouvez, tout au plus, humecter ses lèvres.

BOUCHE-À-BOUCHE
(Respiration artificielle)

Voici la technique de réanimation:

1. Étendez la victime sur le dos.

2. En soutenant sa nuque d'une main, appuyez doucement de l'autre sur le front pour renverser la tête vers l'arrière et dégagez de la sorte les voies aériennes supérieures.

3. Tirez la mâchoire inférieure vers le bas pour ouvrir tout grand la bouche.

4. Assurez-vous qu'aucun obstacle (corps étranger, vomissure, sécrétions) n'entrave la trachée.

5. Enlevez toute prothèse (dentier ou partiel).

6. Entre le pouce et l'index, pincez les narines.

7. Inspirez à fond et expirez fortement en collant votre bouche à celle du blessé tout en ayant soin de bien la couvrir.

8. Reculez-vous. Si la poitrine ne s'affaisse pas, assurez-vous encore une fois que rien n'obstrue le passage de l'air.

9. Insufflez l'air au rythme de 12 fois à la minute, c'est-à-dire une fois toutes les cinq secondes.

10. À toutes les quatre insufflations, cherchez les battements cardiaques.

11. Au retour à la normale de la respiration, placez le blessé en position de sécurité (voir aussi **Position de sécurité**).

Vous pouvez également faire alterner bouche-à-bouche et massage cardiaque en cas de crise cardiaque combinée à un arrêt respiratoire.

BOUCHE-À-BOUCHE PRATIQUÉ SUR LES ENFANTS

On pratique sur les bébés et les tout-petits la respiration artificielle comme sur les adultes. En insufflant l'air toutefois, il faut s'assurer de bien couvrir à la fois la bouche et le nez de l'enfant. On doit également souffler plus doucement l'air et s'exécuter plus rapidement (c'est-à-dire une insufflation toutes les deux secondes).

Quand on pratique la respiration artificielle sur un enfant, il ne faut pas trop incliner sa tête vers l'arrière parce que, chez les tout-petits, le cou a une grande fragilité.

BOUCHE-À-NEZ

Il arrive que des blessures au visage empêchent de pratiquer la respiration du bouche-à-bouche sur un accidenté.

On peut alors entreprendre le bouche-à-nez.

ʼour ce faire, on procède comme pour les étapes 1-2-4-5 du bouche-à-bouche. On maintient ensuite la bouche du blessé fermée.

1. Inspirez profondément et expirez fortement en soufflant l'air dans le nez de la personne blessée.

2. Prenez un recul.

3. Ouvrez la bouche de la victime pour que l'air puisse sortir.

4. Comme pour le bouche-à-bouche, répétez l'opération toutes les cinq secondes.

Voir aussi **Méthode de Sylvester**.

BRONCHITE

La bronchite aiguë est rarement bactérienne; la plupart du temps, elle relève plutôt d'un virus contre lequel les antibiotiques ne peuvent rien. En ce sens, les antibiotiques constituent un remède inefficace: il faut que le temps fasse son oeuvre.

BRÛLURE À L'OEIL

En cas de brûlure à l'oeil, il faut éviter de le cligner, de le frotter, d'y mettre quoi que ce soit, sauf de l'eau froide pendant quinze minutes.

Si vous avez du mal à vous faire couler de l'eau dans l'oeil, remplissez une bassine d'eau froide et plongez-y le visage en ne gardant ouvert que l'oeil blessé.

BRÛLURE AU PREMIER DEGRÉ

La brûlure au premier degré n'entraîne pas l'apparition de cloques, tout au plus la peau peut-elle peler. On la reconnaît à la rougeur (sans dommage sérieux à l'épiderme) qu'elle provoque.

La rougeur de la brûlure au premier degré pâlit lorsqu'on y exerce une pression.

Voir aussi **Brûlure superficielle**.

...LURE AU DEUXIÈME DEGRÉ

La brûlure au deuxième degré se reconnaît à sa rougeur fort douloureuse, et à la formation de cloques qui suintent. Elle endommage la surface de la peau.

Malgré la douleur qu'elle entraîne, la brûlure au second degré ne laisse généralement pas de marques, et on la considère comme superficielle.

Voir aussi **Brûlure superficielle**.

BRÛLURE AU TROISIÈME DEGRÉ

Beaucoup plus grave que les deux autres, la blessure au troisième degré détruit toutes les couches de la peau qui peut prendre une teinte blanche (quand la circulation ne se fait plus), brune ou noire (quand la peau a calciné).

Elle laisse des marques indélébiles et présente de sérieux risques d'infection.

Voir aussi **Brûlure grave**.

BRÛLURE CHIMIQUE

Qu'il s'agisse d'huile bouillante, de produits solvants, d'acides ou de toute autre substance chimique, enlevez tout ce qui recouvre la victime et qui peut avoir été imprégné.

Lavez la brûlure à l'eau froide pendant au moins quinze minutes, en évitant de mouiller les parties du corps intactes, celles qui n'ont pas été touchées.

Entourez les brûlures d'un pansement sec et propre. Consultez le médecin.

BRÛLURE GRAVE

En présence d'une brûlure grave, il faut retirer les vêtements de la victime, **sauf ceux qui adhèrent aux plaies**.

Laissez couler l'eau froide sur la brûlure pendant au moins quinze minutes.

Si la brûlure occupe une trop grande surface cutanée, couvrez-la plutôt d'un grand linge mouillé à l'eau froide que vous changerez souvent.

Sans exercer de pression, entourez la plaie d'un pansement sec.

Surélevez la partie brûlée pour prévenir l'oedème (enflure).

À moins que la personne blessée ne soit inconsciente ou vomisse, vous pouvez lui donner un peu d'eau froide à boire.

Si la personne brûlée est inconsciente, installez-la en position de sécurité (voir aussi **Position de sécurité**) en attendant les secours.

BRÛLURE SUPERFICIELLE

Après une brûlure superficielle, plongez la partie atteinte dans l'eau froide ou, en cas d'impossibilité, couvrez-la de pansements mouillés que vous changerez souvent.

Il ne faut pas appliquer de corps gras sur une brûlure.

CALAMINE

La lotion calamine, appliquée sur les lésions cutanées mineures responsables de démangeaisons (urticaire, herbe à puce, varicelle), calme les irritations.

CATAPLASME

Le cataplasme fait d'oignons cuits, enveloppés dans de la gaze et appliqués encore chauds sur l'oreille malade, semble agir efficacement sur l'otite externe.

Voir aussi **Otite**.

CENTRE ANTIPOISON DU QUÉBEC

1 800 463-5060

CÉPHALÉES

Voir **Maux de tête**.

CÉRUMEN

Voir **Otite**.

CHALEUR ET ARTHRITE
DES MAINS

Certaines personnes rapportent qu'elles dorment avec des gants de laine et qu'elles ont ainsi vu leur arthrite suffisamment soulagée pour leur éviter d'avoir recours aux médicaments durant la journée.

Voir aussi **Bain chaud**.

CHARBON DE BOIS

Les comprimés de charbon de bois activé que l'on peut se procurer en pharmacie soulagent la diarrhée aiguë.

CHAT

Bien que les gens soient pour la plupart (dans une proportion de 80 %) naturellement immunisés, le chat peut trans-

mettre à l'être humain le virus de la toxo-
plasmose.

La femme enceinte est particulièrement vulnérable à ce virus. Chez elle,
les symptômes prennent la forme d'un
rhume somme toute assez banal, mais
chez l'enfant qu'elle porte, la toxoplas-
mose peut entraîner des malformations
graves. Durant la grossesse, il vaut donc
mieux éluder tout contact avec les chats
et les litières.

Les tests sanguins que subissent les
femmes en début de grossesse disent
s'il y a ou non immunisation naturelle.

Les chats, c'est bien connu, adorent
la chaleur. Quand on a un bébé dans la
maison, cet animal représente un dan-
ger parce qu'il peut aller se rouler en
boule dans le berceau de l'enfant et
l'étouffer.

CHOC ANAPHYLACTIQUE

On appelle choc anaphylactique la
réaction allergique qui se caractérise par

des difficultés respiratoires et des signes de choc à la suite de piqûre ou de morsure chez une personne déjà sensibilisée.

En présence de choc anaphylactique, il faut traiter avant tout l'état de choc et téléphoner au médecin.

Voir aussi **État de choc**.

CHOLESTÉROL

Voir **Pamplemousse** et **son d'avoine**.

CLOU

Voir **Furoncle**.

COLIQUES DU NOURRISSON

Si éprouvantes soient-elles, les coliques n'empêchent pas le nourrisson de bien se développer.

Votre enfant souffre probablement de coliques quand il paraît inconsolable après son boire, qu'il replie ses jambes sur son abdomen, serre les poings, s'empourpre et s'agite sans pouvoir s'arrêter et sans cause apparente.

Pour prévenir les coliques, vous pouvez lui faire faire un rot pendant et après la tétée; le nourrir plus lentement en chassant l'air de la tétine (les enfants nourris au sein souffrent moins que les autres de coliques); le bercer; lui donner à boire de l'eau chaude stérilisée.

Les coliques disparaissent généralement vers l'âge de trois mois.

CONGESTION NASALE

Si vous êtes aux prises avec la congestion nasale, avalez beaucoup de boissons chaudes, augmentez le niveau d'humidité dans la maison, et inspirez de l'eau chaude salée (très faible pourcentage) par le nez.

CONTUSIONS, BLEUS

Sur toute la surface de l'enflure qui suit une contusion, on applique une compresse d'eau froide que l'on change souvent.

CONVULSIONS

Les convulsions accompagnent souvent l'hyperthermie (voir ce mot), mais elles peuvent aussi survenir en d'autres circonstances.

Avec les fortes fièvres, les convulsions équivalent chez l'enfant au délire et au frisson chez l'adulte.

Quand l'enfant fait une colère, qu'il subit une vive contrariété ou un choc important, il se peut qu'il traverse ce qu'il est convenu d'appeler le spasme du sanglot. À ce moment-là, il perd le souffle et peut même s'évanouir quelques instants.

Les convulsions qui relèvent de l'épilepsie ne peuvent être diagnostiquées avant l'âge de trois ans.

Certaines convulsions, dites toniques, durent assez longtemps; elles donnent à leur victime une apparence rigide. Elles sont souvent suivies d'évanouissement.

D'autres convulsions prennent quant à elles l'allure de spasmes musculaires qui finissent par produire des mouvements amples.

Finalement, d'autres convulsions encore font perdre à l'enfant tout tonus musculaire.

Quand les convulsions se répètent trop souvent, on peut donner à l'enfant un bain tiède, et lui appliquer des compresses d'eau froide sur le front et consulter son médecin.

COR

On peut se prémunir contre les cors aux pieds en chaussant toujours des souliers confortables et bien ajustés.

Les petites compresses atténuent la pression et la friction sur les cors.

Les bains de pieds fréquents assouplissent la peau cornée des cors et des callosités que l'on peut ensuite enlever graduellement au moyen d'une sorte de râpe conçue spécialement à cet effet.

CORPS ÉTRANGER DANS LE NEZ

Il ne faut pas tenter de retirer un objet coincé dans le nez d'un enfant, à moins que l'objet puisse facilement être enlevé au moyen d'une pince à épiler.

Si votre enfant s'est introduit un corps étranger dans le nez, emmenez-le voir le médecin plutôt que de risquer d'enfoncer l'objet en voulant l'enlever.

CORPS ÉTRANGER DANS L'OEIL

Si un corps étranger s'est incrusté dans votre oeil, ne tentez pas de le retirer. Ne frottez pas votre oeil, et ne le clignez pas. Rendez-vous plutôt chez le médecin.

Si le corps étranger s'est logé à la surface de l'oeil, utilisez, pour l'enlever, le coin replié d'un papier-mouchoir. En tirant votre paupière inférieure vers le bas et en regardant vers le haut, retirez l'objet.

Si vous n'arrivez pas à voir où s'est logé le corps étranger, tirez votre paupière supérieure vers le bas, par-dessus votre paupière inférieure, et laissez-la remonter. Vous délogerez peut-être alors le corps intrus.

Si vous n'arrivez pas à enlever un corps étranger pourtant posé sur la surface de votre oeil, ne vous obstinez pas: rendez-vous à la clinique.

CORPS ÉTRANGER DANS L'OREILLE

Si votre enfant s'est introduit un corps étranger dans l'oreille, ne tentez pas de le retirer, car vous pourriez l'enfoncer davantage. Rendez-vous plutôt chez le médecin.

Voir aussi **Insecte dans l'oreille**.

COTON-TIGE

On ne devrait pas utiliser de coton-tige pour se curer les oreilles. En plus du risque de blessure sérieuse, le coton-tige peut enfoncer les bouchons de cérumen dans les oreilles, voire provoquer des otites externes par irritation chez les personnes déjà prédisposées.

COUP DE CHALEUR

Il arrive qu'une exposition prolongée à la chaleur intense et humide provoque d'abord de la déshydratation, puis un coup de chaleur. Ce phénomène se produit quand les mécanismes de contrôle internes de la température corporelle se dérèglent.

En attendant les secours, allongez la victime, déshabillez-la pour l'envelopper d'un drap froid et humide. Épongez ensuite son corps à l'eau froide.

Quand l'épiderme rafraîchit, placez la personne en position de sécurité (voir l'entrée **Position de sécurité**), couvrez-la d'une couverture légère et sèche et éventez-la.

COUP DE SOLEIL

La meilleure manière de se prémunir contre les coups de soleil consiste à appliquer, avant une exposition au soleil, un écran solaire.

Comme dans le cas de brûlure superficielle, l'eau froide contribue à soulager la douleur due aux coups de soleil.

COUPURE

Voir **Blessure mineure**.

CRAMPE

Les crampes sont des spasmes musculaires involontaires et fort douloureux.

Quand survient une crampe, il faut étirer le muscle et le masser.

On peut aussi prendre un bain chaud, si les crampes reviennent trop souvent.

CUIVRE ET ARTHRITE

Les bijoux de cuivre rouge, passés autour des articulations affectées, semblent parvenir à soulager la douleur arthritique.

CYSTITE

Pour prévenir la cystite, les femmes — puisqu'elles en sont les principales victimes — devraient prendre l'habitude de s'essuyer d'avant en arrière quand elles vont à la selle.

Un autre moyen d'éviter la cystite consiste à éviter le froid aux pieds, et de garder le bassin au chaud.

Un autre moyen de prévention consiste à se rendre à la salle de bains et à uriner dans les minutes qui suivent une relation sexuelle.

Le port de sous-vêtements de coton blanc aide également à prévenir les cystites et les vaginites.

Quand une infection urinaire se manifeste, on peut la contrôler en buvant énormément d'eau (un litre [1 pinte] toutes les trois heures). On aurait également avantage à retirer de son alimentation tous les irritants liquides et solides, comme le thé, le café, les épices.

On dit que le thé à la cerise combat efficacement la cystite.

On recommande aussi d'appliquer des compresses chaudes sur le bas-ventre. On les fait à partir de pommes de terre pelées, cuites avec du prêle (disponible dans une herboristerie), que l'on met ensuite en purée et que l'on étend sur une bande de tissu que l'on roule avant de l'appliquer sur la région du bas-ventre.

DÉSHYDRATATION

La grande chaleur, alliée au manque d'eau et à la transpiration abondante, occasionne parfois de la déshydratation.

On reconnaît le phénomène de déshydratation à: l'épuisement de la victime, sa pâleur, sa faiblesse, l'accélération de ses battements cardiaques et son mal de tête.

En cas de déshydratation, il faut s'allonger dans un endroit frais et sombre, les pieds surélevés et les vêtements détachés. Il faut aussi boire de l'eau salée (5 ml [1 cuiller à thé] de sel pour un litre [une pinte] d'eau).

DIARRHÉE

La diarrhée présente, chez les tout-petits et chez les personnes âgées, des risques importants de déshydratation. Il faut donc tenir compte de ces aléas en cas de diarrhée simple ou de gastro-entérite.

Le jeûne de solides permet de laisser l'intestin se reposer. Il faut par contre boire beaucoup.

En cas de diarrhée, il faut éviter le lait et les produits laitiers. On boira de préférence du thé fort, sans lait ni sucre, des boissons gazeuses blanches dégazéifiées.

L'eau de riz (on fait cuire le riz dans deux fois la quantité d'eau recommandée) contre efficacement la diarrhée.

DOULEURS ABDOMINALES

Quand la douleur abdominale persiste, s'étend sur plusieurs heures, quand elle s'accompagne de vomissements, d'étourdissements, quand la paroi abdominale est en outre gonflée et très sensible, il faut appeler le médecin.

EAU SALÉE

Pour prévenir la déshydratation en période de grande chaleur, il faut boire de l'eau salée.

On peut préparer de l'eau salée en ajoutant 5 ml (1 cuiller à thé) de sel à un litre (1 pinte) d'eau froide.

ÉCHARDE

Quand l'écharde s'est logée à fleur de peau, on peut la retirer au moyen d'une pince à épiler stérilisée à l'alcool, ou passée dans la flamme d'une allumette.

Si l'écharde s'est enfoncée très profondément, on commence par faire tremper la partie affectée dans de l'eau tiède pour assouplir la peau. On stérilise ensuite une aiguille dans de l'alcool ou à la flamme. Et puis, on entame la peau avec la pointe de l'aiguille pour soulever l'écharde. Une fois l'éclat dégagé, on le retire avec la pince à épiler.

On désinfecte ensuite la plaie avec une solution antiseptique (voir **Antiseptique**) et on laisse sécher à l'air libre.

ÉCHARPE

Pour mettre un bras en écharpe, on utilise, dans la mesure du possible, un bandage triangulaire.

On colle le bras blessé assez haut contre la poitrine; on glisse ensuite l'une des deux pointes les plus éloignées l'une de l'autre du triangle sous l'avant-bras. On tire ensuite cette pointe jusque sur la nuque. On relève l'autre pointe (qui passe ainsi par-dessus le bras blessé) et on vient la nouer sur la nuque, avec la première, en prenant bien garde de serrer suffisamment pour maintenir le bras à la hauteur où on l'a précédemment placé.

La pointe restante, la troisième du triangle, se trouve au niveau du coude. On la rabat, de l'arrière vers l'avant, et on l'attache au moyen d'une épingle de nourrice.

ÉLECTROCUTION

En cas d'électrocution, il ne faut surtout pas s'affoler: la vie de la victime et la vôtre, éventuellement, sont en jeu.

Commencez par couper le courant ou, si cela s'avère impossible, par en éloigner la source au moyen d'un objet qui n'est pas conducteur d'électricité (un balai, une perche de bois, etc.).

Examinez ensuite la personne électrocutée et voyez si elle respire. En cas d'arrêt respiratoire, entreprenez tout de suite le bouche-à-bouche (voir **Bouche-à-bouche**).

Si la respiration ne reprend pas, cherchez le pouls. Si le coeur a cessé de battre, pratiquez le massage cardiaque (voir **Massage cardiaque**) tout en poursuivant, de manière alternative, le bouche-à-bouche.

Si l'accidenté respire, installez-le en position de sécurité (voir **Position de sécurité**) et pansez les brûlures qui pourraient l'affecter selon leur gravité (voir les entrées **Brûlure...**) en attendant les secours.

EMPOISONNEMENT

Voir **Intoxication**.

ENGELURE

Voir **Gelure**.

ENTORSE

Puisqu'il est si malaisé pour le néophyte de différencier l'entorse de la fracture, il faut les traiter toutes deux de la même manière, en attendant qu'une radiographie soit prise.

Il faut d'abord immobiliser le membre blessé tout en le soulevant (pour restreindre l'enflure). Il faut ensuite y appliquer de la glace pour réprimer la douleur et l'oedème.

Pour terminer, il faut poser une attelle (voir **Attelle**).

Après l'application de glace, il semble que les compresses d'eau vinaigrée aident également à réduire l'emprise de la douleur et de l'enflure.

ÉPILEPSIE

L'épilepsie se divise en deux: le petit mal et le grand mal, plus spectaculaire.

Le petit mal qui affecte les enfants jusque dans l'adolescence est une sorte d'absence: les yeux deviennent fixes, l'épileptique cesse de bouger et de réagir pendant une trentaine de secondes avant de reprendre son état normal sans se souvenir de quoi que ce soit. C'est une sorte de court-circuit dans le cerveau.

Le grand mal (ou haut mal) provoque une grande agitation, des convulsions et parfois un relâchement des sphyncters.

Il ne faut jamais tenter de maîtriser le malade: il faut plutôt écarter de lui tout ce qui pourrait le blesser.

Lorsque la personne atteinte d'épilepsie a des convulsions, il ne faut jamais mettre d'objet, comme un crayon, dans sa bouche.

Quand la crise d'épilepsie entre en phase résolutive, c'est-à-dire quand les mouvements violents, amples et spasmodiques cessent, le malade peut dormir quelques minutes, ou bien sombrer dans l'inconscience. Installez-le alors en position de sécurité (voir **Position de sécurité**) sans forcer les membres qui résistent.

ÉPISIOTOMIE

Pour accélérer la cicatrisation de l'épisiotomie, on peut utiliser l'air chaud d'un séchoir à cheveux (à vitesse basse) plusieurs fois par jour. Ce séchage élimine la macération, l'humidité, et permet à la plaie de guérir plus rapidement.

ÉTAT DE CHOC

Parfois, à la suite d'un traumatisme, d'un accident, d'une brûlure, à ou d'une hémorragie, se manifeste l'état de choc.

On reconnaît l'état de choc à la pâleur de sa victime, à sa faiblesse, à sa sueur, à son pouls filant et à sa peau moite. La victime est en outre agitée, angoissée, quelquefois confuse, avant de sombrer dans l'inconscience.

L'état de choc se distingue de l'évanouissement banal en ce que le second dure au plus quelques minutes.

On peut tenter de prévenir l'état de choc en allongeant la victime sur le dos, tête tournée sur le côté (pour évacuer tout vomissement éventuel), pieds surélevés.

Si l'accidenté a déjà perdu conscience, on l'installe en position de sécurité (voir **Position de sécurité**).

On détache ensuite les vêtements de la victime, on la couvre et on s'abstient de lui donner à boire ou à manger.

ÉTOUFFEMENT

Il arrive que l'on s'étouffe parce qu'un objet ou un aliment obstrue les voies respiratoires.

Si la personne étouffée tousse, c'est que l'objet ou l'aliment n'obstrue qu'une partie de sa trachée. Laissez-la tousser sans intervenir.

Si, au contraire, la toux faiblit, s'éteint, et que des problèmes respiratoires surviennent, il vous faut intervenir de toute urgence.

Quand la personne incommodée ne tousse pas, ne respire pas, cyanose (bleuit) et s'évanouit, essayez de retirer l'objet en introduisant un doigt le plus loin possible dans sa bouche.

Avec votre doigt, ne visez pas le milieu de la trachée, effectuez plutôt un balayage latéral. Vous aurez ainsi plus de chances de déloger l'objet. En mettant votre doigt au milieu de sa gorge, vous risquez plutôt d'enfoncer davantage le corps étranger et de compliquer la situation.

Si vous n'y arrivez pas, pratiquez la méthode de Heimlich (voir **Méthode de Heimlich**), et attendez les secours.

ÉVANOUISSEMENT

Si quelqu'un s'évanouit, vérifiez d'abord sa respiration et son pouls. Allongez la victime sur le dos, jambes surélevées et desserrez ses vêtements.

Si la personne évanouie vomit, tournez-la sur le côté pour éliminer les risques d'étouffement et de suffocation.

Épongez-lui le visage à l'eau froide.

Quand la personne revient à elle, placez-la en position de sécurité (voir **Position de sécurité**), couvrez-la, et faites-la patienter au moins quinze minutes avant de l'autoriser à se lever.

Si une personne vous dit qu'elle se sent défaillir, faites-la asseoir et penchez-lui la tête entre les jambes.

EXPECTORATION

Pour dégager les voies respiratoires obstruées, en cas de toux bronchique qui provoque l'étouffement par exemple, il faut parvenir à liquéfier les sécrétions.

Pour ce faire, on s'enferme avec le malade ou l'enfant affecté dans une pièce déjà chaude et humide et on augmente brusquement l'humidité en faisant couler la douche pendant une vingtaine de minutes.

On peut aussi placer la tête de la personne malade au-dessus d'un contenant d'eau très chaude, après avoir recouvert d'une serviette la tête, les bras et le plat.

Dans tous les cas de congestion, il importe d'augmenter le niveau d'humidité, quitte à le faire passer de 30 ou 40 % jusqu'à 50 ou 60 % dans la chambre du malade.

FIÈVRE

En soi, la fièvre n'est pas une maladie. C'est un processus normal qui encourage le corps à produire ses défenses naturelles. Par contre, la fièvre signale un dérèglement, la présence d'une infection ou d'une maladie.

Il n'est pas nécessaire d'agir sur une fièvre de moins de 39°C (102°F); il vaut mieux la laisser faire son oeuvre.

Quand la fièvre excède 39°C (102°F) pendant plus de 24 heures, il faut intervenir.

Avant de prendre de l'aspirine (AAS) ou de l'acétaminophène, on peut tenter d'abaisser la température en ne se couvrant pas beaucoup, en consommant beaucoup de liquide, et en épongeant le corps avec de l'eau tiède (pas avec de l'alcool).

FIÈVRE DES FOINS

Voir **Antihistaminiques**.

FLATULENCE ET GAZ

Voir **Antiacide**.

FOULURE

Voir **Entorse**.

FRACTURE

Voir **Entorse**.

FURONCLE

Le furoncle est une tuméfaction rouge et douloureuse de la peau qui se mue en masse de pus.

C'est la pression qu'exerce le pus qui est à l'origine de la douleur.

Le furoncle peut se rompre (et alors le pus s'écoule) ou bien se résorber graduellement en une quinzaine de jours.

Il ne faut jamais tenter de faire «aboutir» un furoncle en le pressant.

Appliquez plusieurs fois par jour des compresses humides et très chaudes sur le furoncle.

Si vous souffrez de furoncles à répétition, consultez votre médecin: cela pourrait indiquer la présence d'une affection sous-jacente.

Il semblerait que la tisane faite de 5 ml (1 cuiller à thé) de guimauve (que l'on se procure au magasin d'aliments naturels) par 250 ml (1 tasse) d'eau, bouillie trois minutes, et à raison de trois infusions par jour, vienne à bout de la furonculose.

GANTS ET MITAINES

Pour contrer les effets du froid, les mitaines sont de loin plus efficaces que les gants.

Comme les bas, les mitaines de laine sont plus chaudes que les mitaines en tissu synthétique.

GARROT

On ne doit appliquer un garrot que si l'existence même de la personne blessée est en jeu et que les compressions directe et indirecte ont préalablement échoué.

Pour faire un garrot, il ne faut jamais utiliser de fil, de corde ou d'élastique.

On place une mince bande de tissu au-dessus de la blessure (et non dessus), on entoure le membre et on fait un demi-noeud, sur lequel on pose ensuite un bâton sur lequel on vient faire un double noeud (avec la même bande de tissu). Finalement, on tourne le bâton ou le bout de bois jusqu'à ce que l'écoulement sanguin s'arrête. *On ne tourne pas davantage.* Inscrire l'heure de l'application du garrot.

On attend ensuite les secours, ou on se rend à l'hôpital le plus proche.

Voir aussi **Section d'un membre**.

GELURE ET ENGELURE

Plus grave que l'engelure, la gelure exige des soins immédiats.

Si vos mains sont gelées par le froid, glissez-les sous vos aisselles, sous votre manteau.

Si votre visage est gelé, couvrez-le de vos mains gantées.

Si vos pieds sont gelés, ne marchez pas, assoyez-vous et gardez-les surélevés.

Pour vous préserver du froid, faites de l'exercice, du sur-place par exemple, dans le but d'activer la circulation sanguine.

À cause de la sensibilisation préalable, il faut éviter pendant un certain temps après une gelure toute exposition au froid.

Contrairement à la croyance populaire, il ne faut jamais utiliser de chaleur intense, directe, pour faire dégeler les membres atteints.

Contrairement à une autre croyance populaire, il ne faut pas non plus utiliser de neige pour dégeler les membres atteints.

Également, il ne faut pas masser la partie affectée.

On reconnaît le dégel d'un membre à la teinte rouge que prend la peau.

On doit couvrir les parties gelées de vêtements et de couvertures, et faire boire à la victime de gelure ou d'engelure des boissons chaudes (mais pas d'alcool).

Pour accélérer le processus de dégel, on peut aussi s'allonger tout contre la personne affectée et la réchauffer de la chaleur de son corps.

Les enfants sont particulièrement vulnérables aux gelures et aux engelures. Leurs jeux, en effet, les empêchent souvent de ressentir la morsure du froid.

GOUTTE

Les individus qui souffrent de la goutte devraient s'abstenir de prendre de l'aspirine (AAS).

GRAINES DE LIN

Le thé aux graines de lin agit efficacement sur la constipation.

On fait bouillir 15 ml (1 cuiller à soupe) de graines de lin dans 500 ml (2 tasses) d'eau durant au moins cinq minutes. Tout de suite après, on coule le liquide. Si on attend, la décoction deviendra trop gélatineuse et il sera malaisé de la couler.

Pour donner du goût au thé aux graines de lin, on peut y ajouter du jus
d'orange.

Le thé aux graines de lin met une
dizaine d'heures à agir.

GRAISSES ANIMALES

Les graisses d'origine animale ten-
draient à favoriser l'athérosclérose; il
vaut donc mieux les éviter dans la
mesure du possible.

HAMEÇON

Si la pointe d'un hameçon a transpercé la peau d'un doigt par exemple, il faut pousser l'hameçon jusqu'à ce que la pointe fléchée ressorte bien. Ensuite, avec l'aide d'une pince, il faut en couper la tige. Finalement, il faut doucement tirer l'hameçon par la pointe pour la retirer.

On fait saigner la plaie pour la nettoyer. Avant de la laver à l'eau et au savon, de la recouvrir d'un pansement propre, consultez le médecin qui examinera la blessure avant de décider s'il y a lieu de procéder à une injection antitétanique.

Si l'hameçon s'est logé dans la peau du visage, ne tentez pas de le retirer: rendez-vous à l'urgence.

HÉMORRAGIE GRAVE

Quand une blessure présente de la gravité, le saignement est si important que le sang n'arrive pas à coaguler et sort souvent par jets. Pour éviter une perte sanguine sérieuse, il faut parvenir à stopper l'hémorragie.

Soulevez d'abord le membre blessé au-dessus du coeur pour restreindre l'apport sanguin au niveau de la plaie.

Si des corps étrangers se sont enfoncés dans la plaie, laissez-les, mais retirez ceux qui encombrent les lèvres de la blessure.

Si des corps étrangers se sont incrustés dans la blessure, n'essayez pas d'en rapprocher les bords.

Avec un pansement propre, exercez une bonne pression sur la plaie et maintenez cette pression durant une quinzaine de minutes.

Si le sang passe au travers du pansement, ne le changez pas, ajoutez plutôt un nouveau bandage.

Finalement, entourez les bandages d'une bande de tissu serrée pour maintenir la pression que vous exerciez.

Si l'hémorragie continue malgré la pression exercée directement sur la blessure, comprimez l'artère située au-dessus de la plaie (voir **Points de compression**).

Si la vie du blessé est compromise, en cas de membre sectionné par exemple, faites un garrot (voir cette entrée) en attendant les secours.

On considère qu'on a affaire à une hémorragie grave quand un adulte blessé perd plus d'un litre (une pinte) de sang, ou qu'un enfant accidenté en perd plus d'un tiers de litre (10 onces).

En cas d'hémorragie grave, outre l'urgence que présente l'arrêt de l'écoulement sanguin, il faut voir à prévenir l'état de choc et s'apprêter à l'éventualité de devoir donner la respiration artificielle et le massage cardiaque.

(Voir aussi **État de choc**, **Massage cardiaque** et **Respiration artificielle**).

HÉMORROÏDES

Le bain de siège tiède diminue l'irritation et l'enflure dues aux hémorroïdes.

L'alcool peut aggraver les hémorroïdes.

La grande consommation d'oignons, crus ou cuits, semble apporter quelque soulagement quand on souffre des hémorroïdes.

Les onguents et les crèmes ne guérissent pas les hémorroïdes; tout au plus en soulagent-ils les symptômes.

Les bains de siège à la camomille soulagent les symptômes des hémorroïdes. Pour préparer ce genre de bain, on apprête une infusion bien forte de fleurs de camomille que l'on verse ensuite dans l'eau très chaude du bain.

Après une quinzaine de minutes d'attente, on s'assoit dans l'eau en ajoutant progressivement de l'eau froide.

HERBE À PUCE

Voir **Piqûre de plantes**.

HOQUET

Pour faire disparaître le hoquet, on peut respirer pendant quelques minutes dans un sac de papier brun.

Quand un bébé souffre du hoquet, il est préférable d'attendre que cela cesse, sans intervenir.

Pour faire cesser le hoquet, on peut chatouiller la région où se joignent le palais dur et le palais mou.

HUILE D'AMANDES DOUCES

Sans toutefois prévenir l'apparition de vergetures chez la femme enceinte ou accélérer le processus de guérison des brûlures causées par le soleil, l'huile d'amandes douces assouplit la peau.

HUMIDITÉ

Dans la maison, l'humidité facilite l'excrétion des sécrétions respiratoires. Elle prévient la sécheresse de la peau.

Un taux d'humidité trop bas assèche les parois nasales et donne prise aux microbes du rhume.

Le taux normal d'humidité dans la maison varie entre 25 % et 40 %, selon les températures ambiante et extérieure, et selon le chauffage.

En cas de congestion importante, on peut faire grimper le niveau d'humidité domestique jusqu'à 60 % pour hâter la liquéfaction des sécrétions encombrantes.

HYPERTENSION

Tout comme le tabagisme, la consommation de sel augmente la tension artérielle.

Si on restreint l'apport de sel et de gras dans son alimentation, on contribue encore plus efficacement à réduire l'hypertension artérielle.

L'augmentation de la consommation de calcium et de potassium dans l'alimentation contribuerait à réduire l'hypertension artérielle.

Le café, quant à lui, tendrait à accroître l'hypertension, il vaut donc mieux l'éviter.

Les maux de tête qui surviennent le matin et le soir signalent souvent l'hypertension artérielle.

HYPERTHERMIE

Quand les mécanismes de contrôle internes de la température corporelle se dérèglent à la hausse survient l'hyperthermie.

Chez les tout-petits, une fièvre élevée, supérieure à 39°C (102°F), demande une intervention immédiate, parce que les risques de déshydratation et de convulsions sont très élevés.

N'épongez pas le corps brûlant de fièvre avec de l'alcool; donnez plutôt au malade, en évitant soigneusement les courants d'air, un bain tiède, c'est-à-dire aux environs de 35°C ou 36°C (95°F ou 96,8°F) et faites-le boire abondamment.

Si la fièvre se prolonge plus de quelques heures, rendez-vous à l'hôpital.

Faites de même en présence de somnolence, de nausées, de vomissements et de convulsions.

Quand la fièvre (voir cette entrée) échappe à votre contrôle, combattez-la avec de l'aspirine (AAS) ou de l'acétaminophène.

HYPOTHERMIE

Quand le corps humain est longuement exposé à un froid intense, il perd de sa chaleur qu'il n'arrive plus à compenser.

L'hypothermie se reconnaît à la confusion, à la somnolence, au ralentissement des rythmes cardiaque et respiratoire qui peut même entraîner l'inconscience chez sa victime.

Si la victime a sombré dans l'inconscience et qu'elle a cessé de respirer, pratiquez la respiration bouche-à-bouche.

Si la respiration continue ou qu'elle reprend après quelques insufflations, couvrez bien la victime. Si vous en avez la possibilité, il est encore préférable de changer les vêtements de la personne incommodée.

Vous pouvez aussi installer la personne dans une salle de bains confortable et lui donner un bain chaud.

À une victime d'hypothermie, vous pouvez donner une boisson chaude, mais pas d'alcool.

En cas d'hypothermie, servez-vous de couvertures, de vêtements pour réchauffer la victime.

Évitez les coussins électriques, les bouillottes et les couvertures électriques qui entraînent la chaleur des organes vitaux à la surface de la peau et peuvent provoquer un état de choc (voir **État de choc**).

INDIGESTION

En présence d'indigestion, il faut éliminer les aliments solides pour ne consommer que de l'eau, des boissons gazeuses blanches dégazéifiées ou des bouillons légers.

Quand vous recommencez à manger, réintroduisez graduellement les aliments. Commencez par des aliments légers, faciles à digérer, avant de passer aux fruits et légumes et aux viandes.

INFECTION

Les microbes mettent plus d'une journée à se multiplier en nombre suffisant pour causer une infection.

Après une journée, si la rougeur qui entoure une blessure s'étend, que du pus se forme, on continue à nettoyer la plaie à l'eau et au savon, on applique une solution antiseptique (voir cette entrée), et on pose un pansement sec. On répète cette opération de désinfection plusieurs fois par jour.

Si, malgré tout, l'infection gagne du terrain, consultez le médecin.

INFECTION URINAIRE

Voir **Cystite**.

INJECTION

Il existe trois sortes d'injections: les sous-cutanées (sous la peau), les intra-musculaires (dans un muscle) ou intra-veineuses (dans une veine).

La douleur que l'on ressent parfois au moment de l'injection vient du mal que le liquide a à se résorber. Ce mal peut durer 24 heures. On le soulage avec des compresses chaudes à l'alcool.

INJECTION ANTITÉTANIQUE

La blessure causée par une morsure profonde, un clou, un hameçon, ou tout objet métallique, demande un examen médical et, souvent, une injection destinée à prévenir le tétanos.

L'injection antitétanique garde son efficacité pendant cinq ans.

Pour prévenir le tétanos, on doit faire vacciner son enfant selon l'échéancier du carnet de santé remis aux parents au moment de la naissance, à l'hôpital.

INSECTE DANS L'OREILLE

Si un insecte s'est introduit dans votre oreille, penchez la tête du côté opposé, tirez d'une main le lobe affecté vers l'arrière (pour imprimer au canal auditif une ligne droite), et versez doucement de l'eau tiède afin de déloger l'intrus.

Si vous n'y arrivez pas, rendez-vous à la clinique.

INSOLATION

Voir **Coup de chaleur** et **Coup de soleil**.

INSOMNIE

Voir **Sommeil**.

INTERACTION MÉDICAMENTEUSE

Certains médicaments, même vendus sans ordonnance, se combinent mal aux autres.

Si vous consommez déjà une sorte de médicaments, demandez toujours à votre médecin ou à votre pharmacien si l'interaction avec d'autres médicaments, prescrits ou non, ne vous causera pas d'ennuis ou n'oblitérera pas l'effet de l'un d'entre eux.

Quand vous prenez des médicaments, prenez l'habitude de vous abstenir de consommer de l'alcool, même si l'ordonnance ne le spécifie pas.

INTOXICATION (Empoisonnement)

L'intoxication, peu importe sa nature, demande toujours une intervention médicale.

Si la personne intoxiquée a perdu conscience, pratiquez la respiration bouche-à-nez (pour éviter les brûlures en cas d'ingestion de produits caustiques, entre autres).

Si la personne est inconsciente et que sa respiration reste normale, installez-la en position de sécurité (voir **Position de sécurité**).

Recherchez tout ce qui pourrait indiquer au corps médical la nature de l'intoxication (contenant de médicaments, boîte de conserve, produit chimique, échantillon de vomissure).

Contactez le centre antipoison (**1 800 463-5060**) pour connaître la forme d'aide la plus efficace que vous puissiez apporter à la victime en attendant les secours.

Ne faites jamais vomir une personne qui a perdu conscience ou qui est somnolente.

Ne faites pas vomir une victime qui a ingéré des substances corrosives ou des dérivés de pétrole.

La prévention de l'intoxication chez les enfants demande qu'on défende aux enfants de s'amuser avec des produits de nettoyage ou des contenants — même vides — de médicaments. De plus, il faut éliminer de sa pharmacie tous les médicaments dont la date d'expiration est périmée, et garder sous clé tous les autres.

Dans le cas d'intoxication alimentaire, la victime est rarement seule à éprouver les symptômes qui l'affectent. Ses compagnons de table subissent généralement les mêmes malaises.

On peut prévenir jusqu'à un certain point l'intoxication alimentaire en suivant quelques préceptes élémentaires de prudence.

Ainsi, il faut jeter tout produit dont la fraîcheur paraît douteuse.

Débarrassez-vous également de toutes les boîtes de conserve dont le couvercle est bombé, ou qui laissent échapper du gaz à l'ouverture.

Consommez tout de suite les aliments décongelés ou partiellement décongelés et ne les recongelez jamais.

Ne conservez pas au réfrigérateur des aliments dans leur boîte de conserve d'origine.

Ne laissez pas d'aliments à la température de la pièce, hormis bien sûr les fruits.

Ne consommez pas de produits alimentaires dont la date est périmée.

INTOXICATION MÉDICAMENTEUSE

Il existe plusieurs genres d'intoxications médicamenteuses.

Les antidépresseurs produisent une intoxication caractérisée par le manque de coordination, la dépression respiratoire, les troubles de la sensibilité et l'état de choc.

L'intoxication aux stimulants entraîne la dilatation des pupilles, la fièvre et la transpiration, les palpitations et les spasmes, l'agressivité, les convulsions et le délire.

Les médicaments et drogues qui agissent sur le système nerveux central entraînent de l'angoisse et de l'agressivité, des hallucinations et une dilatation des pupilles.

En présence d'intoxication médicamenteuse, efforcez-vous d'obtenir le plus d'informations possible en attendant l'arrivée des secours ou avant de transporter la personne affectée à l'hôpital: quantité et type de médicament ingéré, heure, motif. Téléphonez au centre antipoison le plus près de chez vous (ou à **1 800 463-5060**) et cherchez à savoir comment prêter assistance à la personne intoxiquée.

LARYNGITE

On peut calmer la laryngite au moyen de compresses d'eau chaude sur la gorge (voir aussi **Expectoration** et **Humidité**).

LAXATIF

En présence de douleurs abdominales, de nausées et de vomissements, il faut éviter d'utiliser des laxatifs. Il faut plutôt contacter son médecin.

La consommation quotidienne ou régulière de laxatifs nuit à l'élimination, parce qu'elle fait disparaître le réflexe normal de défécation.

MALAISES D'ESTOMAC

La prévention des malaises stomacaux exige des petits repas fréquents, jusqu'à six ou sept par jour.

Pour prévenir les reflux acides en position allongée, on peut soulever la tête du lit de 10 cm (4 pouces). S'il est impossible de le faire, on peut toujours ajouter un oreiller.

Le café, le thé, l'alcool et le chocolat accroissent les malaises d'estomac parce qu'ils augmentent, comme les sucreries, l'acidité gastrique.

Le lait n'apporte qu'un soulagement temporaire aux maux d'estomac.

L'eau froide (pas trop) serait plus efficace que le lait pour soulager les brûlures d'estomac, parce qu'elle dilue l'acide logé dans les parois de l'estomac.

MAL DE GORGE

N'importe quel bonbon ou pastille douce adoucit la gorge et facilite la salivation; il n'est donc pas nécessaire d'acheter des pastilles antibiotiques.

L'eau chaude, à laquelle on ajoute 5 ml (1 cuiller à thé) de miel liquide, adoucit également la gorge.

MASSAGE CARDIAQUE

Il ne faut *jamais* pratiquer de massage cardiaque sur une personne accidentée ou blessée dont le coeur bat, qui respire, et dont le teint a conservé sa couleur habituelle ou l'a retrouvée après quatre insufflations au bouche-à-bouche.

Si la personne terrassée respire, installez-la en position de sécurité (voir **Position de sécurité**). Sinon, pratiquez la respiration artificielle (voir **Bouche-à-bouche**).

Si le coeur ne se remet pas à battre, donnez un coup sec, avec le dessous du poing fermé, sur la partie inférieure gauche de la cage thoracique. Assurez-vous qu'il y a reprise des battements cardiaques; pratiquez ensuite la respiration bouche-à-bouche.

Si le coeur ne bat toujours pas, placez la main ouverte sur le bas du sternum, posez votre autre main par-dessus. Bras bien tendus, pressez le sternum en vous penchant vers l'avant. Continuez à exercer des pressions solides au rythme d'une poussée toutes les secondes. À toutes les cinq compressions du thorax, pratiquez une insufflation bouche-à-bouche.

Arrêtez le massage cardiaque aussitôt que vous détectez un battement du coeur. Poursuivez le bouche-à-bouche jusqu'au retour à la normale de la respiration ou jusqu'à l'arrivée des secours.

MAUVAISE HALEINE

Le brossage des dents deux fois par jour, la soie dentaire, le rinçage régulier de la bouche, les visites régulières chez le dentiste constituent en général des moyens de prévention efficaces contre la mauvaise haleine.

Par ailleurs, quand on a mangé de l'ail, de l'oignon, et que l'on n'est pas sûr du tout de son haleine, on peut manger du persil frais.

Il arrive également que certaines affections physiologiques soient responsables de la mauvaise haleine. Si votre mauvaise haleine persiste, en dépit de la prévention que vous faites, consultez votre médecin.

MAUX DE DENTS

On peut, disent les acupuncteurs, soulager le mal de dents grâce au point d'acupuncture qui se situe entre le pouce et l'index, sur le repli de la peau. On n'a qu'à y appliquer un morceau de glace pendant sept minutes, ou jusqu'à insensibilisation de l'épiderme.

MAUX DE DOS

On peut prévenir, toujours jusqu'à un certain point, le mal de dos en prenant de longues marches et en évitant certaines choses: la station debout prolongée, le froid, surtout après avoir eu chaud, les bains froids, les longs trajets en voiture et les sièges trop bas, sans support lombaire.

Quand on veut limiter l'emprise des maux de dos, on doit aussi apprendre à se baisser et à se relever en se servant des muscles des jambes plutôt que de ceux du dos.

En renforçant les muscles abdominaux à l'aide d'exercices, on soutient mieux les muscles dorsaux.

MAUX DE TÊTE

Pour enrayer les maux de tête sans recourir aux médicaments, on peut se placer les pieds dans un bain d'eau chaude de courte durée, ce qui aide à diminuer la congestion au niveau cérébral, souvent responsable des maux de tête.

On peut aussi s'asseoir confortablement dans l'obscurité, yeux fermés, mains posées à plat sur les genoux, et s'efforcer d'envoyer mentalement de la chaleur dans ses extrémités (mains et pieds). Comme le bain de pieds, cet exercice permettrait de décongestionner le cerveau.

D'origine vasculaire, la migraine s'en prend généralement à un seul côté de la tête. Elle se complique souvent de nausées, de vomissements, de sensibilité à la lumière et au bruit.

Les maux de tête qui relèvent de l'hypertension affectent surtout l'arrière de la tête, et surviennent d'ordinaire le matin et le soir.

La faim occasionne elle aussi des maux de tête; pour les soulager, il suffit de manger.

La sinusite cause des maux de tête quand le malade adopte la position couchée. Pour les soulager, il suffit de s'allonger en position semi-assise.

Le stress, cause la plus commune des maux de tête, produit une douleur intense, en chapeau, qui ceinture le crâne.

Les contraceptifs oraux sont parfois responsables des maux de tête, tout comme l'approche des menstruations. Si vous soupçonnez vos contraceptifs d'être à l'origine de vos maux de tête, consultez votre médecin pour tenter d'y trouver une alternative.

Les changements qui affectent la vision à la baisse causent souvent des maux de tête.

Cependant, les maux de tête dus à une baisse d'acuité visuelle durant la grossesse ne peuvent être solutionnés facilement parce que la vision revient souvent à la normale après la naissance de l'enfant.

Pour se libérer de l'étreinte d'un mal de tête, on peut masser le front et les tempes légèrement, du bout des doigts.

Les diverses techniques de relaxation permettent fréquemment de se débarrasser d'un mal de tête pénible.

MÉTHODE DE HEIMLICH

Bien que cette méthode puisse entraîner des lésions chez la victime, n'hésitez pas à la pratiquer quand la vie de l'autre est en jeu.

La méthode de Heimlich vise à déloger un obstacle coincé dans la gorge ou dans les voies respiratoires.

Si la victime est assise, penchez-lui la tête en avant, entre les jambes. Avec la paume de la main, assenez quatre coups secs entre ses omoplates.

Si la victime est debout, penchez-la vers l'avant, en la retenant d'une main au niveau de l'abdomen. Frappez ensuite de la paume de l'autre main les quatre coups secs entre les omoplates.

Si l'obstacle ne se déloge pas, placez-vous derrière la victime, entourez son thorax de vos bras. Posez l'un de vos poings fermé (pouce du côté du corps de la victime) entre le nombril et le sternum. De l'autre main, agrippez solidement votre poignet et exercez, quatre fois de suite, une pression forte et rapide, à la fois vers l'intérieur et vers le haut.

En cas d'échec, pratiquez alternativement les deux techniques en attendant l'arrivée des secours.

Si la victime est enceinte ou obèse, placez vos bras plus haut, au niveau du thorax et au-dessous des seins.

Si la victime est un enfant, que votre pression soit proportionnelle à sa taille et à son poids.

Après la mise en pratique d'une méthode de Heimlich, faites voir la victime par un médecin.

MÉTHODE DE SYLVESTER
(Respiration artificielle)

Il est parfois impossible de pratiquer le bouche-à-bouche ou le bouche-à-nez. Dans ce cas, on peut recourir à la méthode de Sylvester.

Pour ce faire, suivez ces étapes:

1. Allongez la victime sur le dos.

2. Calez sous ses épaules une serviette, un vêtement ou une couverture roulée.

3. Inclinez doucement la tête de la victime vers l'arrière.

4. Croisez ses avant-bras l'un sur l'autre sur sa poitrine.

5. Ouvrez sa bouche et dégagez ses voies respiratoires, comme dans le bouche-à-bouche (voir **Bouche-à-bouche**). N'oubliez pas de retirer le dentier ou le partiel.

6. Assoyez-vous sur vos talons, à sa tête et empoignez fermement chacun des bras (votre main gauche saisit la main gauche de la victime, et votre droite, sa droite).

7. En vous soulevant et en portant le poids de votre corps sur celui de la victime, exercez une forte pression sur sa poitrine.

8. En vous reculant, redressez-vous (position à genoux) et tirez les bras vers l'arrière, en les décroisant.

9. Tendez les bras de la victime vers l'arrière, le long de vos cuisses, en vous rassoyant sur vos talons.

Recommencez le procédé à un rythme régulier jusqu'à l'arrivée des secours, ou en alternance avec le bouche-à-bouche.

MIEL

L'eau chaude, additionnée de miel, permet d'adoucir la gorge et de stimuler la salivation qui fait souvent défaut quand on a mal à la gorge.

MORSURES D'ANIMAUX

On traite la plupart des morsures d'animaux superficielles comme des blessures mineures (voir **Blessures mineures**).

Par contre, lorsque la morsure est profonde, la victime court des risques d'infection et de tétanos: il vaut mieux consulter un médecin qui déterminera s'il y a lieu d'administrer une injection antitétanique (voir **Injection antitétanique**) ou antirabique (contre la rage).

NAUSÉES ET VOMISSEMENTS

Si les nausées et les vomissements font suite à une blessure à la tête, rendez-vous immédiatement à l'hôpital.

Rendez-vous aussi au centre hospitalier le plus près de chez vous si la nausée et les vomissements accompagnent une forte fièvre.

Voir aussi **Indigestion**.

NAUSÉES MATINALES DE LA GROSSESSE

Jusqu'à un certain point, on peut prévenir les nausées matinales de la grossesse en mangeant, avant de se lever, deux biscuits sodas non salés.

NOYADE

Lorsqu'un individu se noie et qu'on n'a pas suivi de formation spécifique, il faut lui tendre une perche, une corde, un vêtement, une bouée, plutôt que de se jeter à l'eau pour le sauver.

Quand vous vous portez au secours d'un noyé, évitez sa prise parce que, dans sa panique, il pourrait vous noyer avec lui.

Quand une personne se noie, il n'y a pas de temps à perdre: il faut commencer tout de suite à pratiquer le bouche-à-bouche.

Si vous avez reçu une formation en secourisme et que la personne noyée se trouve encore dans l'eau, commencez à pratiquer la respiration artificielle en soufflant très fort dans ses poumons.

Quand la respiration de la victime revient à la normale, placez-la en position de sécurité (voir **Position de sécurité**), couvrez-la et attendez l'arrivée des secours.

Débutez toujours par l'administration du bouche-à-bouche, sans vous occuper de faire sortir l'eau des poumons. Avec le retour de la respiration, l'eau contenue dans les voies respiratoires s'évacuera.

Si la victime respire, installez-la en position de sécurité.

OEUFS

Le blanc d'oeuf soulagerait la douleur des brûlures superficielles.

On peut aussi battre un blanc d'oeuf, l'appliquer sur une compresse et la poser sur l'oeil rougi et larmoyant qui fait suite à un refroidissement ou à une irritation.

ONGLES

Pour conserver des ongles en bonne santé, on recommande de porter des gants dont on aura saupoudré l'intérieur de poudre quand les tâches domestiques vous obligent à garder les mains dans l'eau contenant du savon, du détergent, ou des produits de nettoyage.

On aura avantage à protéger les ongles fragiles du froid ou de l'agressivité des produits de nettoyage en portant des gants.

Les vernis à ongles qui contiennent de l'acétone ajoutent presque toujours à la fragilité des ongles.

Pour enlever le vernis à ongles, il est préférable d'utiliser un dissolvant gras et de se laver les mains à fond après.

Les crèmes grasses avec lesquelles on se masse les ongles aident à prévenir leur fragilité.

ONGLE INCARNÉ

Pour prévenir l'ongle incarné, on aura avantage à porter des chaussures bien ajustées à son pied, à couper les ongles au carré et à garder en tout temps les ongles propres et secs.

Plutôt que de tenter vous-même de soigner vos ongles incarnés, vous devriez consulter un médecin.

OREILLER

On peut contribuer à prévenir l'étouffement chez les jeunes enfants en ne leur donnant pas d'oreiller avant l'âge de trois ans.

En ajoutant un ou deux oreillers, on peut prévenir efficacement les reflux qui surviennent en position allongée quand on souffre d'une hernie hiatale (estomac) et qu'il est impossible de surélever la tête du lit.

ORGELET

L'orgelet à répétition peut signifier l'astigmatisme (problème de la courbure de l'oeil et, conséquemment, de la vision).

Sur l'orgelet, on peut appliquer des compresses d'eau préalablement bouillie chaude.

Il ne faut jamais presser le bouton qui se forme au coeur d'un orgelet.

OTITE

En plus de prendre garde de se mouiller les oreilles, les personnes qui souffrent fréquemment d'otites devraient assécher leurs conduits auditifs au moyen d'un séchoir à cheveux (à basse

vitesse) en sortant du bain, de la douche ou de la piscine.

Les personnes sensibles aux maux
d'oreilles devraient toujours se couvrir
les oreilles dès que revient le froid.

On dit que quatre gouttes de vinaigre
et d'eau (en mélange moitié-moitié), ins-
tillées dans le canal auditif, quatre fois
par jour, aident à guérir de l'otite externe.

Quand une infection de l'oreille
externe persiste plus de deux jours, on
doit consulter le médecin.

Chez les enfants, l'otite moyenne fait
très souvent suite à un rhume.

Quand un tout-petit ne peut pas par-
ler de son mal, on peut reconnaître la
douleur de l'otite lorsque l'enfant se tire
l'oreille ou cherche à la couvrir de sa
main.

La prévention de l'otite exige qu'on
évite l'emploi de cotons-tiges qui ris-
quent d'enfoncer les bouchons de
cérumen.

PANSEMENT COLLÉ

Quand le pansement adhère à la plaie, il ne faut pas tirer: il faut plutôt le faire tremper dans de l'eau tiède.

Si cet essai échoue, laissez le pansement en place pour ne pas arracher la croûte et retarder le processus de guérison.

PELLICULES

Malgré leur inélégance, les pellicules n'influencent pas la santé des cheveux.

Les shampooings antipelliculaires activent la sécrétion de sébum et aggravent la séborrhée. Il faut donc les employer avec modération.

PERTE DE CONSCIENCE

L'évanouissement laisse à la victime une certaine conscience de ce qui se passe autour d'elle alors qu'en cas de perte de conscience, le contact est complètement coupé.

PERFORATION CUTANÉE

Voir **Morsures d'animaux** et **Injection antitétanique**.

PHLÉBITE

On peut, jusqu'à un certain point, prévenir la phlébite chez un malade alité en faisant bouger ses membres et en l'encourageant à se lever le plus vite possible.

PIED D'ATHLÈTE

Quand on souffre du pied d'athlète, il faut, après les avoir lavés ou mouillés, s'essuyer très soigneusement les pieds, surtout entre les orteils, pour éliminer toute humidité.

On applique ensuite une poudre antifongique (contre les champignons).

Les bas de coton blanc et les chaussures aérées permettent de contrer le pied d'athlète.

Avant d'enfiler ses bas, il est également bon d'en saupoudrer l'intérieur de poudre antifongique.

PIQÛRE DANS LA BOUCHE

Les piqûres dans la bouche entraînent parfois une enflure susceptible d'entraver la respiration.

Après avoir donné des glaçons à sucer à la victime, emmenez-la voir le médecin.

PIQÛRES DE PLANTES

On peut restreindre l'enflure et la démangeaison de l'herbe à puce avec de l'alcool à 90°.

En présence de piqûre ou de contact avec une plante vénéneuse, on lave la peau à l'eau et au savon. On applique ensuite des compresses d'eau froide.

Devant une réaction allergique marquée, il faut contacter le médecin.

Outre l'herbe à puce, d'autres plantes produisent parfois des réactions allergiques: le chrysanthème, la tulipe, la jonquille, le dieffenbachia, le tabac, par exemple.

Si votre enfant mange des feuilles de dieffenbachias (ou d'autres plantes de la même famille), il s'ensuivra une paralysie de la gorge que l'on peut traiter en lui faisant sucer de la glace.

Pour le bien-être et la sécurité de l'enfant, il vaut mieux éliminer de sa maison toutes les plantes toxiques qui pourraient s'y trouver. On peut se renseigner à ce sujet chez un horticulteur, un pépiniériste ou dans un magasin spécialisé.

PIQÛRES D'INSECTES

La démangeaison et l'enflure causées par les piqûres d'insectes disparaîtront avec l'application d'une compresse à l'alcool à 90°.

Les abeilles, les guêpes, les frelons et les bourdons laissent leur dard sous la peau. On peut facilement le retirer au moyen d'une pince à épiler passée à l'alcool ou à la flamme.

Quand le dard est trop enfoncé, on se sert plutôt d'une aiguille traitée de la même manière, c'est-à-dire trempée dans l'alcool ou passée à la flamme d'une allumette (sans trop appuyer sur le dard), pour le dégager, avant d'utiliser la pince à épiler.

Il arrive que certains individus déjà sensibilisés manifestent une hypersensibilité aux piqûres d'insectes et présentent des signes de choc anaphylactique (voir cette entrée). Il faut les traiter d'urgence et s'occuper du choc avant toute chose.

Les personnes qui souffrent d'allergies aux piqûres d'insectes devraient porter des vêtements blancs, verts ou beiges (de par leur neutralité).

Elles devraient aussi s'abstenir de porter du parfum, susceptible d'attirer les insectes.

POINTS DE COMPRESSION

Quand la compression directe exercée sur une blessure n'arrive pas à endiguer l'hémorragie, il faut chercher à pratiquer une pression puissante sur l'artère qui se situe entre cette plaie et le coeur, en pressant l'artère contre un os. L'endroit où s'exerce cette pression s'appelle, justement, le point de compression.

Sur la face interne du bras, à mi-chemin entre le coude et l'épaule, se situe le point de compression brachial. Pour une blessure au bras, il faut coincer l'artère qui y passe contre l'humérus, l'os du bras.

Quand la blessure se situe sur la jambe, il faut soulever la jambe des deux mains et exercer ensuite une forte pression des deux pouces au milieu de l'aine, là où passe l'artère fémorale.

POSITION DE SÉCURITÉ

En cas d'urgence, quand il n'y a mani-
festement pas de blessure à la colonne
vertébrale, à la tête ou au cou, et après
avoir traité adéquatement les blessures,
on place le blessé en position de sécurité, c'est-à-dire dans une position qui
le prémunit contre toute aggravation de
son mal.

Pour ce faire, il faut s'agenouiller à
côté d'elle, allonger la victime sur le dos,
lui relever un bras (celui qui se trouve
le plus près de soi) en ligne droite, c'est-
à-dire dans le prolongement du corps,
ramener l'autre bras sur la poitrine. On
soulève ensuite la jambe du même côté
que le bras ramené sur la poitrine. On
tire, enfin, la victime vers soi, du côté
donc du bras étendu, en la tenant solidement par ses vêtements d'une main,
à la hauteur de la taille, et en protégeant
son visage de l'autre.

Une fois la victime retournée, on lui
place les bras en équerre par rapport au
corps, et on soulève la jambe pliée qui

formera elle aussi vis-à-vis du corps un angle droit. Quant à la tête, on la repousse doucement vers l'arrière, de façon à faire pointer le menton.

En terminant, on couvre la victime en attendant l'arrivée des secours.

La position de sécurité facilite la respiration et l'évacuation des vomissements. En ce sens, elle prévient l'étouffement et la suffocation.

Les membres, pliés à angle droit, procurent un certain confort corporel et répartissent équitablement le poids.

POULS

On peut prendre le pouls à deux endroits: au niveau des artères carotides, dans le cou, de chaque côté de la trachée artère; ou au niveau de l'artère radiale, au poignet, côté pouce, face interne de l'avant-bras.

Pour prendre le pouls, on presse légèrement de l'index et du majeur réunis à l'un de ces deux endroits. On calcule ensuite le nombre de battements que l'on perçoit pendant une minute.

Chez un enfant, le pouls varie de 90 à 120 battements à la minute.

Chez un adulte, le pouls se promène entre 60 et 80 battements à la minute.

Chez l'athlète, le pouls varie de 50 à 60.

Il ne faut pas oublier que le pouls augmente à la suite d'un effort, d'un exercice violent, d'une émotion forte. La maladie, l'infection, les blessures et le choc sont encore d'autres éléments qui viennent affecter le pouls à la hausse.

POUX

Les poux de tête détestent la lavande; on peut vaporiser une solution faite de cinq ou six gouttes d'essence de lavande (en vente dans les commerces d'aliments et de produits naturels) dans un litre (1 pinte) d'eau. Cette vaporisation sur les cheveux prévient l'infestation quand il y a épidémie.

On aura aussi avantage à tresser, du moins à nouer, les cheveux des fillettes durant une période d'épidémie.

Pour lutter contre les poux, passez les cheveux et les poils de pubis, s'il y a lieu, au peigne fin: lavez les cheveux à l'aide d'un shampooing spécial et désinfectez taies d'oreiller, chapeaux, rubans, peignes, barrettes, etc. On reprendra le shampooing une dizaine de jours plus tard pour s'assurer que les lentes (oeufs de poux) ont bien été détruites.

Le shampooing contre les poux assèche énormément les cheveux, aussi serait-il utile de faire usage de revitalisant au cours des semaines qui suivent.

Pour prévenir la contagion, les parents devraient avertir les parents des amis de leurs enfants ainsi que le professeur ou l'animateur de garderie pour que chacun puisse adopter les mesures préventives qui s'imposent. C'est une question de bien-être et de conscience collectifs.

RÉGURGITATION CHEZ
LE NOUVEAU-NÉ

Pour le nouveau-né, il est tout à fait normal de régurgiter un peu de lait par filets, après le boire.

L'accumulation d'air dans l'estomac en est responsable.

Le rot du bébé permet justement de limiter les régurgitations et la sensation d'estomac plein chez le nourrisson.

Si votre bébé semble souvent rendre une bonne partie de son boire, il faut consulter le médecin.

RESPIRATION ARTIFICIELLE

Voir **Bouche-à-bouche, Bouche-à-bouche pratiqué sur les enfants, Bouche-à-nez** et **Méthode de Sylvester.**

RHUME DES FOINS

Voir **Antihistaminiques.**

RHUMES ET GRIPPES

Quand le rhume ou la grippe vous afflige, n'achetez pas de produits, en sirop ou en comprimés, qui contiennent plus de trois ingrédients actifs: leur quantité, insuffisante la plupart du temps, affecte négativement leur efficacité.

Pour contrer les symptômes du rhume et de la grippe, rien ne vaut mieux que de se reposer et de boire beaucoup. Le corps prend ainsi des forces, tandis que le liquide éliminé par les reins se charge de l'évacuation des toxines.

On consulte le médecin quand le rhume ou la grippe s'accompagne d'une forte fièvre qui dure plus de 24 heures.

Voir aussi **Fièvre.**

RONFLEMENTS

Si les ronflements de votre partenaire vous empêchent de dormir, placez une demi-balle de tennis dans un bas que vous fixerez au dos de sa veste de pyjama au moyen d'une épingle de nourrice.

Comme les ronfleurs exercent leur grand art surtout quand ils reposent sur le dos, la sensation de la balle, sans les blesser, les incommode suffisamment pour les forcer à se retourner sur le côté.

SAIGNEMENT

Le saignement d'une blessure mineure joue un rôle important: il sert à «nettoyer» la plaie des saletés et microbes qui pourraient s'être glissés dans l'organisme.

Voir aussi **Blessure mineure**.

SAIGNEMENT DE NEZ

Pour stopper un saignement de nez, on comprime pendant environ dix minutes la narine affectée en pressant l'aile du nez.

La personne qui saigne facilement du nez aurait avantage à se moucher doucement, une narine à la fois.

L'augmentation du niveau d'humidité dans la maison peut aussi aider les personnes qui saignent facilement du nez à contrer leur problème.

Quand on saigne du nez, on peut aussi se frotter la nuque avec une débarbouillette mouillée à l'eau froide.

SARRIETTE

La sarriette favorise la digestion des aliments.

SATIÉTÉ

Le signal de satiété de l'organisme retentit après vingt minutes. En mangeant lentement, on absorbe souvent moins de nourriture et on peut contrôler de façon plus efficace son appétit pour atteindre le poids souhaité.

SAVON

Le savon doux, à la glycérine ou à la farine d'avoine, assèche moins l'épiderme que le savon parfumé ou que le savon désodorisant.

Les acnéiques devraient éviter l'utilisation de savons gras, qui n'aident en rien l'épiderme à s'assécher, ou de lotions nettoyantes: leur efficacité n'est pas démontrée.

SECTION D'UN MEMBRE

Il arrive qu'un membre soit sectionné à la suite d'un accident. À part les soins à dispenser pour traiter l'hémorragie (voir cette entrée), il faut s'occuper du membre coupé ou arraché.

Déposez le membre sectionné dans un sac de plastique que vous mettrez ensuite dans un autre sac contenant de la glace. *Ne mouillez pas le membre sectionné, et ne le lavez pas.*

Agissez le plus rapidement possible pour donner toutes les chances de réussite à la réimplantation éventuelle.

Traitez le blessé pour le choc et pour l'hémorragie (voir **État de choc** et **Hémorragie**) avant de vous rendre à l'hôpital ou en attendant l'arrivée des secours.

SINAPISME

Le sinapisme est un cataplasme ou emplâtre fabriqué à partir d'une farine de moutarde. On l'appelle aussi, plus familièrement, «mouche de moutarde».

Quand vous appliquez un sinapisme à un enfant, préparez aussi un sinapisme témoin que vous poserez sur votre avant-bras, sur la face interne. Ainsi vous saurez à quel moment enlever la mouche de moutarde à votre petit, sans risquer de lui faire subir des brûlures cutanées.

Pour fabriquer un sinapisme, on mélange deux parties de farine pour une partie de moutarde sèche, on ajoute ensuite de l'eau en quantité suffisante pour former une pâte. On étend ensuite cette préparation entre deux bandes de tissu que l'on vient placer sur la poitrine et sur le dos de la personne dont la toux se fait virulente. On laisse en place environ 15 minutes.

Après avoir enlevé le sinapisme, enroulez la personne malade dans une couverture pour qu'elle conserve le plus possible la chaleur.

SINUSITE

La sinusite donne fréquemment des maux de tête; pour les prévenir, il faut éviter autant que possible la position couchée.

Les boissons chaudes et l'élévation du niveau d'humidité domestique peuvent aider à la liquéfaction des sécrétions embarrassantes.

SOMMEIL

Le besoin de sommeil varie d'un individu à l'autre, tout comme le besoin en nourriture. Certaines personnes dorment ainsi beaucoup, d'autres moins.

Avec l'âge également, le besoin de sommeil semble diminuer.

L'insomnie passagère disparaît habituellement avec sa cause.

Il ne faut pas résister à l'insomnie et se dire que l'on doit absolument chercher à dormir: cela ne fait qu'ajouter au problème. Il faut plutôt accepter de passer une mauvaise nuit de temps à autre.

L'insomnie psychosomatique, beaucoup plus commune, provient de l'anxiété, de l'angoisse, et demande une rééducation du sommeil.

Pour prévenir l'insomnie, on peut prendre certaines mesures: se coucher à des heures régulières sur un lit assez dur et dans une pièce aérée, supprimer les excitants et manger plus légèrement le soir, se détendre avant d'aller au lit.

Un bain tiède aide aussi à s'endormir, plus en tout cas qu'un bain chaud.

Le soir, avant d'aller se coucher, on peut aussi prendre une tisane calmante: tilleul, verveine, valériane ou coquelicot.

Une tasse de lait chaud, avec deux ou trois biscuits, aiderait également à s'endormir, à cause du tryptophane contenu dans les biscuits et qu'active le lait chaud.

SON D'AVOINE

Le son d'avoine aiderait à réduire le taux de cholestérol dans le sang.

SUFFOCATION CHEZ LE BÉBÉ

Quand un bébé ou un jeune enfant suffoque, on l'étend sur ses genoux, tête en bas. On lui donne ensuite de petites tapes sèches entre les omoplates, avec la paume de la main.

TABAC

En plus des effets néfastes qu'on lui connaît, le tabac détruirait la vitamine C dans l'organisme et ouvrirait ainsi la porte aux allergies.

TABASCO

Quelques gouttes de sauce Tabasco, ajoutées à un verre d'eau, peut aider à l'occasion à éliminer la congestion nasale.

TEMPÉRATURE

On prend la température en secouant le thermomètre pour abaisser la colonne de mercure.

S'il s'agit d'un thermomètre buccal, on le glisse sous la langue et on le laisse en place cinq bonnes minutes, bouche fermée. On ne le mordille pas non plus.

S'il s'agit d'un thermomètre rectal, on enduit le bout de gelée de pétrole et on l'introduit délicatement dans l'anus sur une longueur de 2,5 cm (1 pouce). On le laisse ensuite en place trois minutes.

Prise axillaire

On peut aussi prendre la température sous les aisselles. Pour ce faire, on glisse le thermomètre sous une aisselle et on le laisse en place une dizaine de minutes.

En retirant le thermomètre, on lit la température en vertu de la graduation de la colonne de mercure.

Après usage, on passe le thermomètre à l'eau froide (l'eau chaude risque de le faire éclater) et on le désinfecte à l'alcool avant de le secouer pour faire baisser la colonne de mercure et de le ranger soigneusement, dans son étui.

Prise rectale

Pour connaître la température d'un enfant, il est préférable d'utiliser un thermomètre rectal.

Prise buccale

On ne doit pas prendre la température après un repas, après avoir bu des boissons, qu'elles soient chaudes ou froides.

Avant de prendre la température, il vaut mieux laisser la personne se détendre une quinzaine de minutes. On obtient ainsi une information plus précise.

Voir aussi **Bande-contact**.

TENTATIVE DE SUICIDE AUX MÉDICAMENTS

Voir **Intoxication médicamenteuse**.

THERMOMÈTRE

On trouve sur le marché deux sortes de thermomètres: le thermomètre rectal (que l'on introduit dans le rectum) et le thermomètre buccal (que l'on place sous la langue, dans la bouche).

Ainsi, pour prendre la température d'un enfant, vaut-il mieux utiliser un thermomètre rectal. On doit toujours tenir le thermomètre afin d'éviter les risques qu'il s'introduise totalement dans l'anus.

Les gens préfèrent en général prendre leur température par la bouche (à moins d'une congestion importante), même si la lecture est moins précise.

La lecture de température que fournit le thermomètre rectal est de loin la plus précise; celle du thermomètre buccal la suit, et enfin, celle que l'on prend sous les aisselles.

Le thermomètre est un instrument fragile. L'eau chaude peut le faire éclater, tout comme le moindre choc (d'où l'importance de ne pas le mordiller). Les éclats de verre et les billes de mercure peuvent s'avérer fort dangereux dans la bouche, est-il besoin de le dire?

Voir aussi **Bande-contact**.

TISANE D'ANIS OU DE SAUGE

La tisane d'anis ou de sauge aiderait elle aussi à enrayer la congestion nasale en favorisant la liquéfaction des sécrétions encombrantes.

TORTICOLIS

Le torticolis est la contraction à sens unique des muscles du cou et de la tête. Ce mal est fort douloureux.

Le torticolis augmenterait d'intensité avec la fatigue et la tension.

À l'inverse, le repos et le calme atténuent les crises de torticolis.

La chaleur aide à soulager des symptômes du torticolis.

Si, après quelques jours, votre état ne s'améliore toujours pas, consultez votre médecin.

TOUX

On consulte le médecin quand la toux persiste pendant plus de deux à trois jours.

Pour adoucir la gorge, on peut sucer des bonbons ou des pastilles; pas besoin de recourir aux pastilles antibiotiques.

Les tisanes faites à partir de thé et de miel ou de citron et de miel aident à apaiser la toux.

Voir aussi **Sinapisme**.

TOXOPLASMOSE

Voir **Chat**.

TROUSSE D'URGENCE

La trousse d'urgence familiale idéale devrait inclure: des pansements stériles de différentes grandeurs; des pansements de gaze sèche de différentes tailles; des diachylons; du ruban adhésif (sparadrap); une bande triangulaire (écharpe); deux bandes Velpeau* de différentes largeurs (entorses et foulures); du coton stérile; de l'alcool à 90°; une lotion calmante à base d'aloe vera; de la calamine; des comprimés analgésiques (AAS et acétaminophène); une paire de pinces à épiler; des épingles de nourrice; des ciseaux à bouts ronds; un thermomètre buccal; un thermomètre rectal (surtout si l'on a de jeunes enfants); un contenant de solution antiseptique (voir cette entrée).

bandage élastique

TURISTA

Bien connue des voyageurs, la turista (diarrhée) peut être prévenue dans une certaine mesure.

En voyage, on doit éviter l'eau locale, même celle embouteillée de l'hôtel, à moins de la faire bouillir soi-même pendant cinq minutes, ou de la traiter au moyen de deux gouttes d'iode par verre (après avoir laissé agir pendant vingt minutes).

Il faut également rincer les fruits et les légumes pour éviter toute forme d'intoxication.

Finalement, il faudrait idéalement, même si ce n'est pas toujours facile, éviter les changements trop radicaux de régime alimentaire. Éviter alcool et épices fortes.

Voir aussi **Diarrhée**.

ULCÈRE BUCCAL

Dans la bouche, les ulcères sont dus, la plupart du temps à une morsure ou à des dents dont les bords sont tranchants.

Malgré la douleur aiguë qu'il entraîne, on ne peut rien faire pour soulager l'ulcère buccal, sinon laisser agir le temps et se rincer souvent la bouche avec de la teinture de Myrrhe.

VALÉRIANE

En plus d'aider à trouver le sommeil par le biais de la détente qu'elle apporte, la tisane de valériane soulagerait les maux d'estomac d'origine nerveuse.

VARICES

Pour prévenir les varices, on peut marcher le plus souvent possible pieds nus ou dans des souliers à talons plats.

L'élimination régulière permettrait aussi d'éviter les varices.

Les stations assise ou debout prolongées contribuent à l'apparition de varices.

On peut également prévenir les varices en s'assoyant sans croiser les jambes et en les surélevant le plus souvent possible.

VERRUE

Comme le veut la croyance populaire, les verrues sont contagieuses, surtout la verrue mère. Quand on les gratte, on peut les transmettre à d'autres parties du corps.

VÊTEMENTS EN FEU

Si les vêtements d'une personne brûlent, bousculez-la pour la jeter par terre.

Étouffez les flammes, depuis la tête jusqu'aux pieds, avec vos propres vêtements ou avec une couverture, un tapis, tout ce qui vous tombe sous la main.

Si vos propres vêtements sont en feu, roulez-vous par terre.

Ne jetez pas d'eau à une personne dont les vêtements flambent, surtout si vous ignorez ce qui a provoqué l'incendie. Il pourrait s'agir de produits comme l'huile, et l'eau ne ferait qu'ajouter à la gravité des blessures. Contentez-vous d'étouffer les flammes.

Traitez ensuite les brûlures (voir les entrées **Brûlure...**).

VICTIMES D'ACCIDENT

Il faut absolument éviter de déplacer les victimes d'accident, sauf en cas de force majeure, lorsque la vie même est compromise.

Lorsqu'il devient impératif de transporter une victime, il faut le faire d'un bloc, en maintenant la tête, le cou et la colonne vertébrale en ligne droite. En cas d'accident, il faut en effet toujours soupçonner une blessure à la tête ou à la colonne vertébrale.

Il ne faut jamais transporter soi-même une victime d'accident à l'hôpital; vous devez attendre l'arrivée des secours.

VITAMINE C

La vitamine C annihilerait l'histamine responsable des allergies.

La consommation de vitamine C permettrait donc de restreindre les symptômes d'allergies.

On trouve en général la vitamine C dans les fruits citrins et dans les légumes verts.

La vitamine C aiderait également à soulager les maux de l'arthrite.

VITAMINES

Les vitamines font partie des nutriments dont l'organisme a besoin pour bien fonctionner. On les trouve dans tous les produits alimentaires, mais surtout dans les fruits et les légumes.

Comme on ne connaît pas encore l'effet des doses massives de vitamines (les mégadoses) sur l'organisme, il vaut mieux éviter les thérapies qui en demandent énormément.

L'alimentation (voir cette entrée) saine et équilibrée permet normalement au corps de recevoir toutes les vitamines dont il a besoin et nous ne devrions pas avoir recours aux vitamines synthétiques, à moins de carence vitaminique (chose extrêmement rare dans notre société industrialisée où les produits variés ne manquent ni en quantité ni en qualité).

YEUX COLLÉS

Quand on a les yeux collés au réveil le matin, il ne faut pas forcer l'oeil à s'ouvrir; il faut plutôt appliquer des compresses chaudes sur les yeux et les laisser s'ouvrir.

YOGOURT

Quand on prend des antibiotiques, on peut consommer chaque jour du yogourt pour restaurer la flore intestinale détruite par ces médicaments.

Le yogourt aide aussi à conjurer les vaginites et les vulvites qui surviennent souvent à la suite de la prise d'antibiotiques.

Dans la même collection

Voilà quelques-uns des trucs simples mais astucieux réunis pour vous par Louis Stanké. Son petit guide de format de poche vous livre plus de 500 moyens de faciliter l'entretien de votre maison et vos tâches de bricolage.

500 trucs qui vous dépanneront et vous rendront la tâche plus facile dans la cuisine, qu'il s'agisse des corvées habituelles ou des situations d'urgence.

Facile à consulter, ce petit guide vous présente les unités de mesures les plus utilisées et leur conversion. C'est l'outil par excellence pour ceux et celles qui veulent s'éviter de fastidieux calculs.

Pour vous orienter en ce domaine, on a réuni en un format de poche tout ce qui concerne la valeur calorique de plus de 1 000 aliments qui composent votre menu quotidien, soit à la maison, soit au restaurant.

Des trucs, Louis Stanké vous en dévoile plus de 600 dans ce petit livre de format pratique que vous aurez avantage à toujours avoir à portée de la main.

Voici des douzaines de façons de paraître et de vous sentir plus mince grâce à un bon maintien, des mouvements corporels gracieux, des vêtements adaptés à votre type de physique, des soins de beauté réguliers.

Le guide des Tables de prêts personnels vous indique le montant du paiement mensuel à effectuer pour rembourser un prêt et, de plus, il vous indique combien vous coûte ce prêt en intérêt, selon le nombre d'années qui vous convient pour le rembourser.

Ce guide pratique est facile à utiliser. Vous n'avez pas besoin de calculatrice. D'un seul coup d'oeil, vous trouverez le paiement mensuel requis pour rembourser un prêt allant de 25 $ à 1 000 000 $.

Vous avez décidé de jardiner pour occuper vos loisirs. Voilà un passe-temps agréable et des plus valorisants. Mais que faire lorsque les insectes menacent votre récolte de petites fèves ou votre plus beau rosier? Quel est le meilleur moment pour tailler votre haie et comment vous y prendre? Comment faire votre compost vous-même? Quand semer les carottes?

500 p'tits trucs de jardinage a justement été conçu pour répondre à vos questions.

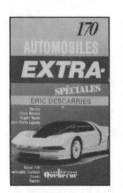

Vous trouverez dans ce petit livre tout un éventail de voitures extraordinaires de production, de petite série, prototypes, expérimentales ou uniques. Quelques-unes d'entre elles, plus anciennes, sont même devenues des légendes dans l'histoire de l'automobile.

Nous souhaitons que ce recueil saura vous plaire et que vous serez à la fois étonné et ravi des photographies qui l'illustrent.